SPA J 302.222 DULING
Duling, Kaitlyn
Comunicandose con senales y
patrones

042120

Mi biblioteca de física

Comunicándose con señales y patrones

Kaitlyn Duling y Pablo de la Vega

ROCKFORD PUBLIC LIBRARY

Rourke
Educational Media

A Division of
Carson Dellosa Education

rourkeeducationalmedia.com

de la ESCUELA a la CASA

ANTES Y DURANTE LAS ACTIVIDADES DE LECTURA

Antes de leer: *construcción de los conocimientos del contexto y el vocabulario*

Construir los conocimientos del contexto puede ayudar a los niños a procesar nuevas informaciones y fortalecer los saberes que ya poseen. Antes de leer un libro es importante ahondar en lo que los niños ya saben sobre el asunto. Esto les ayudará a desarrollar el vocabulario e incrementar su comprensión lectora.

Preguntas y actividades para construir los conocimientos del contexto

1. Mira la tapa del libro y lee el título. ¿De qué piensas que tratará el libro?
2. ¿Qué sabes ya de ese tema?
3. Hojea un libro y echa un vistazo a sus páginas. Mira el índice, las fotografías, los pies de foto y las palabras en negritas. ¿Estas características del texto te dan alguna información o intuiciones acerca de lo que vas a encontrar en el libro?

Vocabulario: el vocabulario es clave para la comprensión lectora

Sigue estas indicaciones para iniciar una conversación acerca de cada palabra.

- Lee las palabras del vocabulario
- ¿Qué viene a tu mente cuando ves cada palabra?
- ¿Qué piensas que significa cada palabra?

Palabras del vocabulario:
- comunicar
- ondas
- patrones
- señales

Durante la lectura: *leer para entender y encontrar significados.*

Para lograr una comprensión profunda de un libro, hay que animar a los niños a hacer uso de estrategias de lectura atenta. Durante la lectura, es importante que los niños hagan pausas y conexiones. Dichas conexiones dan como resultado análisis más profundos y un mejor entendimiento del libro.

Leyendo con atención un texto

Durante la lectura, pide a los niños que hagan una pausa y hablen de lo siguiente:

- Cualquier parte confusa.
- Cualquier palabra desconocida.
- Texto con texto, texto con uno mismo, texto en conexión con el mundo.
- La idea principal de cada capítulo o encabezado.

Anima a los niños a usar claves contextuales para determinar el significado de cualquier palabra desconocida. Estas estrategias ayudarán al niño a aprender a analizar el texto de manera más completa durante la lectura.

Cuando acabes de leer este libro, ve a la última página para encontrar una **actividad posterior a la lectura**.

Índice

Enviando señales

A veces la gente está lejos.

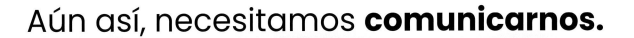

Aún así, necesitamos **comunicarnos.**

¿Cómo lo hacemos?

Podemos usar **señales** y **patrones** para enviar mensajes. Algunas señales usan el sonido. Otra usan la luz. ¡Algunas usan ambas!

Las antenas mandan señales a los astronautas en el espacio.

7

Ondas sonoras

La luz y el sonido se mueven en **ondas**.

Esas ondas pueden viajar distancias largas.

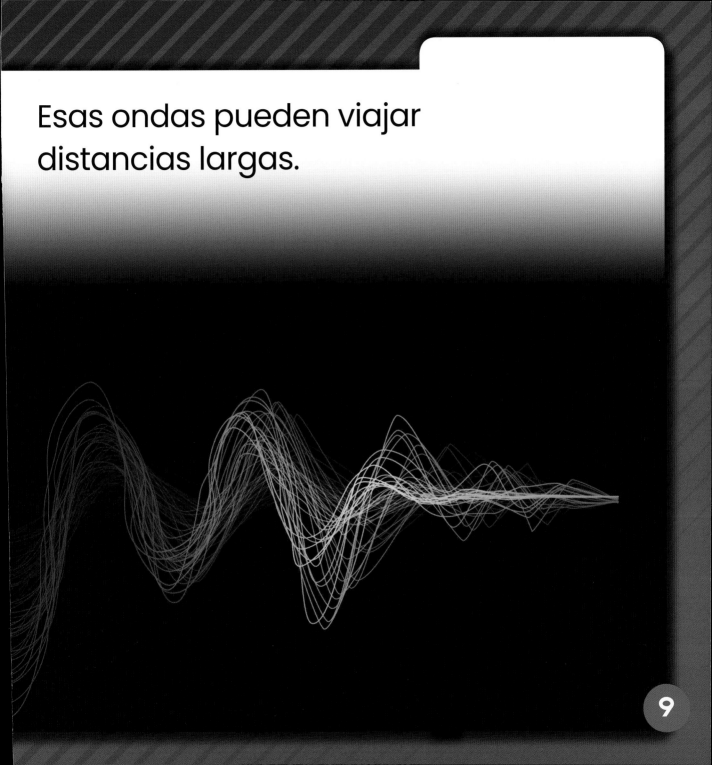

El radio de tu auto convierte las señales en ondas sonoras. Podemos escuchar mensajes que vienen de muy lejos.

El claxon de un auto convierte el sonido en una señal. ¡Cuidado!

Un camión de bomberos manda una señal usando luces parpadeantes y una sirena ruidosa. El mensaje: ¡a un lado!

Una campana suena. Manda un mensaje a toda la escuela. ¡Hora de salir!

15

Luces y patrones

Las ondas luminosas también mandan mensajes.

Un semáforo le dice a los autos cuándo disminuir la velocidad, detenerse y avanzar

W. Olive
←300   400→

MODEL S

California
LNKD DBA
TESLA

P85D

17

Los faros usan patrones de luz para guiar a los barcos en el mar.

¡Los animales también usan señales y patrones!
Una luciérnaga hace que su luz parpadee de acuerdo con un patrón.

Enciende una linterna. Toca una campana.

¡Puedes mandar tus propios mensajes usando señales y patrones!

Glosario fotográfico

comunicar:
compartir información con alguien usando el lenguaje, sonidos, señales o gestos.

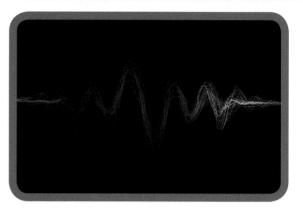

ondas:
vibraciones de energía que viajan a través del aire o el agua, como las ondas sonoras o las ondas de radio.

patrones:
arreglos repetitivos de colores, formas, números u otra clase de información.

señales:
mensajes o advertencias.

Mandando ondas de sonido

Haz un teléfono de papel para oír las ondas sonoras en acción.

Qué necesitas

dos vasos de papel   alfiler   cinta adhesiva
cuerda larga

Instrucciones

1. Con la ayuda de un adulto, haz un hoyo con el alfiler en el fondo de cada vaso.
2. Pasa un extremo de la cuerda por el hoyo de uno de los vasos y pégala en el fondo.
3. Coloca el otro extremo de la cuerda en el segundo vaso. Pégala en el fondo.
4. Colócate lejos de un amigo para que la cuerda se tense.
5. Pon el vaso en tu oído para escuchar lo que tu amigo dice cuando habla dentro de su vaso.
6. Repite usando cuerdas de diferentes tamaños. ¿El sonido cambia?

Índice analítico

Sobre la autora

Kaitlyn Duling es una lectora y autora consumada que creció en Illinois. Ahora vive en Washington, D.C. Kaitlyn ha escrito más de 60 libros para niños y adolescentes. Puedes conocer más acerca de ella en www.kaitlynduling.com (página en inglés).

Actividad posterior a la lectura

Con un amigo, crea una señal o patrón simples que puedas usar para comunicarte. Podría ser una serie de aplausos, hacer parpadear una linterna o incluso un patrón de parpadeos. Enséñense uno al otro cómo decir «Hola» y «Adiós» usando su nueva forma de comunicarse.

Library of Congress PCN Data

Comunicándose con señales y patrones / Kaitlyn Duling y Pablo de la Vega
(Mi biblioteca de Física)
ISBN 978-1-73162-954-8 (hard cover - spanish)(alk. paper)
ISBN 978-1-73162-946-3 (soft cover - spanish)
ISBN 978-1-73162-960-9 (e-Book - spanish)
ISBN 978-1-73163-369-9 (ePub - spanish)
ISBN 978-1-73161-414-8 (hard cover - english)(alk. paper)
ISBN 978-1-73161-209-0 (soft cover - english)
ISBN 978-1-73161-519-0 (e-Book - english)
ISBN 978-1-73161-624-1 (e-Pub - english)
Library of Congress Control Number: 2019945574

Rourke Educational Media
Printed in the United States of America,
North Mankato, Minnesota

Edición: Keli Sipperley
Tapa y diseño interior: Nicola Strafford, Blue Door Education
Traducción: Pablo de la Vega
Edición en español: Base Tres

Photo Credits: cover logo: frog © Eric Phol, test tube © Sergey Lazarev, cover tab art © siridhata, cover photos: sky © Thanayut Polyiem, traffic lights © MSSA, page background art © Zaie; pages 4-5 © Anibal Trejo; page 7 © vchal; pages 8-9 © korkeng; page 11 © Bumbim; page 13 © Editorial credit: Louis.Roth; page 14 © Rido; page 15 © lasha; page 17 © Editorial credit: Sundry Photography; page 18 © Dmitry Pistrov; page 19 © Suzanne Tucker; page 20 © Gelpi; page 21 © Ekaterina_Minaeva; page 22 pattern © Skokan Olena. All images from Shutterstock.com.